효과적인 간증

네비게이토 선교회는
국제적이며 복음적인 기독교 기관이다.
예수 그리스도께서는 자기를 따르는 자들에게
"너희는 가서 모든 족속으로 제자를 삼으라"
(마태복음 28:19)는 지상사명을 주셨다.
네비게이토 선교회는 세계 모든 국가에서
예수 그리스도의 일꾼들을 배가시켜
이 지상사명의 성취를 돕는 것을
근본 목표로 하고 있다.

네비게이토 출판사는
네비게이토 선교회의 문서 선교를 담당하고 있다.
본 출판사에서는 그리스도인의 영적 성장을 돕는
서적과 자료들을 출판하여,
그리스도인의 삶의 기초가 견고한
헌신된 제자로 성장하게 하고,
나아가 성숙한 인격과 지도력을 갖춘
일꾼이 되도록 돕고 있다.

효과적인 간증

데이브 도슨

TO KNOW CHRIST AND TO MAKE HIM KNOWN

차 례

Ⅰ. 하나님께서는 당신의 간증을 사용하실 수 있다 … 7

Ⅱ. 간증의 중요성 ································· 11

Ⅲ. 간증의 가치 ···································· 15

Ⅳ. 간증을 나누는 법 ····························· 21

Ⅴ. 간증문의 작성 ································· 45

Ⅵ. 간증문의 예 ···································· 67

I
하나님께서는 당신의 간증을 사용하실 수 있다

주일 아침
나는 어느 조그마한
군인 교회의
예배에 참석해서
나의 삶 전체를
변화시켜 준
얘기를 들었습니다.

1956년 4월 7일 주일 아침 나는 어느 조그마한 군인 교회의 예배에 참석해서 나의 삶 전체를 변화시켜 준 얘기를 들었습니다. 그전에도 그 교회에 여러 번 가보았고, 여러 설교자가 성경 말씀을 풀어 설명해 주는 설교도 들어 봤지만, 바로 그 주일 아침에야 비로소 나는 예수 그리스도께서 어떻게 한 사람의 삶 가운데 실제로 들어오시는가를 깨닫게 되었습니다.

설교자는 자신이 어떻게 살아 계신 구세주를 개인적으로 만나서 삶이 변화되었는가를 이야기해 주었습니다. 단순했지만 너무나 감명 깊은 이야기였습니다. 그가 이야기한 것들이 나에게도 역시 필요하다는 사실을 깨달은 나는 설교자 자신이 과거에 생의 목적과 의미를 찾고 있었던 이야기를 들으면서 그의 말에 정말 공감했습니다. 그의 가장 절실한 필요를 예수님께서 어떻게 채워 주셨는지를 계속 들으면서, 나는 예수님께서 나의 삶에도 들어오셔서 그와 똑같은 일을 해주시기를 간절히 바라게 되었습니다. 그의 개인 간증 덕분에 나는 그날 예수 그리스도를 내 마음에 모셔 들이게 되었습니다.

증인이란 단순히 자신이 보고, 듣고, 겪은 바를 공적으로 증언하는 사람입니다(요한일서 1:1-3). 증인은 논쟁이나 판단을 위하여 부르심을 받은 게 아니라, 다만 그리스도와 관련하여 자신이 경험한 사실만을 말하도록 부르심을 받은 것입니다. 그 설교자는 훌륭한 증인으로서, 나를 그리스도께로 이끄는 일을 위하여 성령께 쓰임받은 사람이었습니다.

당신은 그리스도께서 당신을 위하여 행하신 일들을 다른 사람들에게 이야기해 줄 준비가 되어 있습니까? 당신이 회심한 사실이 마음속에 분명히 정리되어 있으며 언제든지 다른 사람에게 얘기할 준비가 되어 있습니까? 그렇지 않다면, 다른 사람들에게 증거를 하도록 하나님께서 당신에게 주신 가장 전략적인 무기인 이 간증을 더 발전시켜야 할 여지가 아직도 남아 있습니다.

이 책은 간략하면서도 효과적인 개인 간증을 준비할 수 있도록 돕기 위한 것입니다. 이 책에 나와 있는 지침을 따라 준비한 개인 간증은 기회 있을 때 당신이 그리스도를 더 잘 증거할 수 있게 해줄 것입니다.

이 책은 단순히 읽기만 하는 게 아니라, 답을 쓰고 표시도 하도록 되어 있습니다. 이 책에서 최대의 효과를 얻기 위해서는 성경의 진리들을 배우고 기록해 둘 수 있도록 성경과 필기도구도 가지고 있어야 합니다.

당신이 성령을 의뢰한다면 성령께서는 그리스도로 말미암은 당신의 독특하고 개인적인 경험을 사용하여 다른 사람들을 구주이신 예수 그리스도께로 이끄실 것입니다.

II
간증의 중요성

간증은

하나님을 향한

당신의

순례 기록입니다.

간증은 하나님을 향한 당신의 순례 기록입니다. 이것은 하나님께서 당신을 어떻게 예수님 안에 있는 구원의 복음 및 그분 자신에게로 이끄셨는가를 소개하는 이야기입니다.

간증은 예수 그리스도께 대한 당신의 믿음을 나눌 수 있도록 하나님께서 당신에게 주신 가장 효과적인 도구의 하나입니다. 간증은 다음과 같은 몇 가지 이유 때문에 효과적입니다.

1. 성경의 명령이다

여호와께 구속함을 받은 자는 이같이 말할지어다. 여호와께서 대적의 손에서 저희를 구속하사. (시편 107:2)

너희 마음에 그리스도를 주로 삼아 거룩하게 하고 너희 속에 있는 소망에 관한 이유를 묻는 자에게는 대답할 것을 항상 예비하되 온유와 두려움으로 하고. (베드로전서 3:15)

오직 성령이 너희에게 임하시면 너희가 권능을 받고 예루살렘과 온 유대와 사마리아와 땅 끝까지 이르러 내 증인이 되리라 하시니라. (사도행전 1:8)

2. 사실을 말한다
우리가 보고 들은 바를 너희에게도 전함은 너희로 우리와 사귐이 있게 하려 함이니, 우리의 사귐은 아버지와 그 아들 예수 그리스도와 함께함이라. (요한일서 1:3)

3. 사탄을 이기게 한다
또 여러 형제가 어린양의 피와 자기의 증거하는 말을 인하여 저를 이기었으니, 그들은 죽기까지 자기 생명을 아끼지 아니하였도다. (요한계시록 12:11)

4. 그리스도를 영화롭게 한다

예수께서 배에 오르실 때에 귀신 들렸던 사람이 함께 있기를 간구하였으나 허락지 아니하시고 저에게 이르시되, "집으로 돌아가 주께서 네게 어떻게 큰일을 행하사 너를 불쌍히 여기신 것을 네 친속에게 고하라" 하신대. (마가복음 5:18-19)

여자의 말이 "그가 나의 행한 모든 것을 내게 말하였다" 증거하므로 그 동네 중에 많은 사마리아인이 예수를 믿는지라, 사마리아인들이 예수께 와서 자기들과 함께 유하기를 청하니 거기서 이틀을 유하시매, 예수의 말씀을 인하여 믿는 자가 더욱 많아 그 여자에게 말하되, "이제 우리가 믿는 것은 네 말을 인함이 아니니, 이는 우리가 친히 듣고 그가 참으로 세상의 구주신 줄 앎이니라" 하였더라. (요한복음 4:39-42)

Ⅲ
간증의
가치

사람은 누구나
다른 사람이
경험한 바를
듣고 싶어 하는
경향이 있습니다.

간증은 다음과 같은 여러 가지 이유로 인해 효과적인 증거의 도구입니다.

1. 개인의 체험임

사람은 누구나 다른 사람이 경험한 바를 듣고 싶어 하는 경향이 있습니다. 리더스 다이제스트 지에 따르면 1인칭으로 게재되는 인간 드라마가 이 잡지에서 가장 인기 높은 기사 중의 하나라고 합니다. 사람들이 우리의 이야기를 듣고자 할 때 우리는 자신의 이야기를 잘 정리하고 다듬어서 재미있게 만들어 들려주어야 합니다. 우리는 또한 1인칭을 사용하여 자기 자신에 관한 이야기를 해야지, 설교를 하는 식으로 해서는 안 됩니다.

2. 반박을 받지 않음

아무도 내게 그런 일이 일어나지 않았다고 반박할 수가 없습니다. 간증은 어디까지나 나의 삶의 보이지 않는 면(영적인 것)에 있었던 개인적인 경험이며, 실험이나 과학적인 탐구의 대상이 될 수 없기 때문입니다.

3. 나누기 쉬움

사람들이 자신의 경험, 이를테면 수술받은 일, 사고, 기타 삶 가운데서 일어났던 중대한 사건들에 관해 기회 있을 때마다 이야기하고 싶어 하는 것은 자연스러운 일입니다. 사실상 그들이 그 '기막힌 경험'에 대해 거듭 이야기할 때라도 그것을 듣지 않고 그 자리를 빠져나간다는 것은 무척 어려울 때가 있습니다. 하지만 이야기하기를 좋아하는 이런 사람들이라 하더라도 특정한 주제에 대하여 설교를 하거나 공적인 석상에서 연설을 하기는 대단히 어렵다는 사실을 알게 될 것입니다. (불가능할 수도 있겠지요.) 그러나 간증은 개인적인 이야기이기 때문에 한 사람이나 몇 사람, 혹은 수많은 청중 앞에서라도 거북함을 느끼지 않고 나눌 수가 있습니다.

4. 자신의 삶을 나누는 데 도움이 됨

당신이 먼저 숨김없이 그리고 기꺼이 자신의 삶을 다른 사람들과 나눈다면 그들 역시 그들의 삶을 더욱 즐거이 당신과 나누려고 할 것입니다. 그러나 당신 자신이 개인적인 이야기를 다른 사람들과 나누기를 꺼려한다면 그들도 마찬가지로 당신에게 마음을 열기를 주저할 것입니다. 그리스도의 증인들은 자신이 원하는 것과 같은 대인 관계를 확립하기 위해서 주도권을 줄 필요가 있습니다.

5. 과도한 기대를 버리게 함

많은 경우에 다른 사람들이 그리스도인들을 실제 이상의 위치에까지 올려놓는 것을 볼 수 있습니다. 그들은 우리가 마치 '성인(聖人)'이나 되는 것으로 생각한 나머지 우리에게 완전한 삶을 기대합니다. 그들은 자신들이 매일 당면하고 있는 것과 같은 문제가 그리스도인들에게는 없을 것이라고 생각하기도 합니다.

사람들로 하여금 우리를 별난 위치에 올려놓게 하고 싶은 유혹을 받더라도 우리는 감히 그런 것을 허락해서는 안 됩니다. 우리는 죄 많은 다른 사람들과 동일시해야 하는데, 우리 역시 은혜로 구원받은 죄인에 지나지 않기 때문입니다. 우리는 선을 행하되, 사람들의 관심을 우리 자신에게로 끌 것이 아니라, 그들로 하여금 하나님께 관심을 가지게 하며 하나님을 영화롭게 해드리도록 해야 합니다. "이같이 너희 빛을 사람 앞에 비취게 하여 저희로 너희 착한 행실을 보고 하늘에 계신 너희 아버지께 영광을 돌리게 하라"(마태복음 5:16).

IV
간증을
나누는 법

모든 사람의
삶 가운데는
건드리거나
자극을 받으면
민감한 반응을
보이는 영역이나
필요가 있습니다.

1. 상대방의 민감한 필요를 파악할 것

당신이 치과의사에게 가서, 의사가 진단하기 시작할 때, 처음에는 아무렇지도 않습니다. 의사가 핀셋으로 이 이, 저 이 건드리는 과정에서 갑작스레 쑤시는 듯한 아픔에 당신은 펄쩍 뛸 것입니다. 의사가 아픈 곳을 건드렸기 때문입니다.

이처럼 모든 사람의 삶 가운데는 건드리거나 자극을 받으면 민감한 반응을 보이는 영역이나 필요가 있습니다. 그러나 사람들은 대개 이 필요를 알리고 싶어 하지 않으며 감추어 두려고 합니다. 그 '민감한 필요'를 너무나 잘 감추기 때문에 심지어 친구들이나 가족들까지도 그것을 알 수 없을 정도입니다. 그러나 누구에게든지 틀림없이 그런 필요는 있습니다.

하나님을 모르는 자들의 마음속에는 온전한 평강이 없다는 사실을 성경은 똑똑히 말해 주고 있습니다. "오직 악인은 능히 안정치 못하고 그 물이 진흙과 더러운 것을 늘 솟쳐 내는 요동하는 바다와 같으니라. 내 하나님의 말씀에 악인에게는 평강이 없다 하셨느니라"(이사야 57:20-21).

우리가 전도할 때 이러한 민감한 필요를 감지하고 그것을 건드려 주는 데 익숙해져 있으면 더욱 효과적으로 전도할 수 있을 것입니다. 어떤 사람의 간증이 이 사실을 설명해 줍니다.

내가 예수님을 믿기 전에는 삶의 목적이나 목표가 없었기 때문에 삶에서 매우 심각한 문제를 느끼고 있었습니다. 나는 키도 없이 폭풍에 밀려가는 배와 같았습니다. 몇 사람이 내게 그리스도를 전하려고 애를 쓰긴 했지만, 나는 전혀 흥미를 느낄 수 없었습니다. 그러나 어느 날 어떤 사람이 하나님께서 자기에게 어떻게 생의 목표와 방향을 제시해 주셨는지에 대해 이야기하는 것을 듣고 나는 주님을 믿게 되었습니다. 이 사람은 나의 민감한 필요를 건드렸기 때문에 자연히 나는 그의 말에 귀를 기울이게 되었습니다. 내 문제에 대한 해결책만 있으면 나는 어떻게 해서든지 그것을 알아내고 싶었습니다.

그러면 어떻게 이 민감한 필요를 찾아낼 수 있습니까? 당신이 그리스도께로 돌아오기 전에 가지고 있던 문제에 대하여 잠깐 생각해 보십시오. 그리스도께서 당신의 삶 가운데로 들어오셨을 때, 주님께서는 그 특별한 필요를 채워 주셨고, 그 문제는 더 이상 당신을 괴롭히지 않게 되었습니다. 아직까지 당신이 싸우고 있는 문제이긴 하지만, 그리스도와 동행함으로 말미암아 점차 정복되고 있는 문제들을 생각해 보십시오. 당신의 삶 가운데 그리스도께서 채워 주셨거나, 현재 채워 주고 계시는 세 가지 영역을 기록해 보십시오.

민감한 필요의 일반적인 예를 들어 보면 다음과 같습니다.

- 생의 목적과 의미의 결여
- 즐거움이나 행복이 없음
- 고독과 공허감

- 평안과 만족의 결여
- 죽음에 대한 공포
- 생에 대한 불만
- 권태
- 자신의 도덕 수준에 따라 살기가 불가능함
- 결혼 생활 문제
- 죄악 된 습관에 사로잡혀 있음
- 하나님과 다른 사람에 대한 쓴 뿌리 및 반발심
- 두려움과 공포
- 약물 남용 및 음주 문제
- 죄의식
- 좌절감 및 자기 비하
- 도덕적 문제

다른 사람에게 당신의 간증을 나눌 때 자신의 민감한 필요를 중심으로 간증하는 법을 배워야 합니다. 이렇게 함으로써 당신은 듣는 사람들과 일체감을 가질 수 있고, 그 사람들 역시 당신과 일체감을 가지게 될 것입니다. 당신이 겪었거나 현재 겪고 있는 문제들은 다른 모든 사람들이 겪는 문제들과 다를 바가 없습니다. "사람이 감당할 시험밖에는 너희에게 당한 것이 없나니, 오직 하나님은 미쁘사 너희가 감당치 못할 시험 당함을 허락지 아니하시고, 시험당할 즈음에 또한 피할 길을 내사 너희로 능히 감당하게 하시느니라"(고린도전서 10:13).

당신이 자신의 문제를 솔직하게 인정할 때, 비로소 사람들은 당신을 진실하며 자신들이 가까이할 수 있는 사람으로 보게 되어 자신들의 민감한 필요를 당신에게 이야기할 수 있게 될 것입니다.

어떤 문제를 극복한 적이 있는 사람이 같은 문제 가운데 있는 사람들을 가장 잘 도울 수 있다는 사실은 누구나 인정하는 사실입니다. 문제를 극복한 사람들을 보는 것만으로도 희망을 가지게 될 것입니다. '알코올 중독 치료 협회'나 '체중 조절자 협회'와 같은 단체가 매우 효과적인 활동을 할 수 있는 것도 이런 이유 때문입니다.

어떤 사람에게 간증을 나누기 전에 먼저 그의 민감한 필요가 무엇인지 알아내려고 노력해야 합니다. 그런 다음 그에게 공감을 일으킬 수 있도록, 간증 가운데서 그런 문제와 연관 지어 그리스도께서 당신의 그 문제의 해결을 어떻게 도와주셨는가를 나누어야 합니다. 그의 문제를 완전히 공감할 수는 없을지 모르나, 최소한 일반적인 방향만은 제시할 수 있을 것입니다.

이를테면, 당신의 간증을 듣고 있는 사람이 최근에 해고를 당하여 죄의식과 실망, 고독에 사로잡혀 있는 사람이라고 합시다. 당신 자신이 해고를 당해 본 적이 없다고 하더라도 그런 감정을 경험한 적은 있을 것입니다. 그렇다면 이런 식으로 말해 줄 수도 있습니다. "여보게. 난 자네가 겪은 것과 똑같은 일을 겪은 적은 없네만, 내 삶 가운데서도 수많은 문제가 한꺼번에 밀어닥쳐 고독해지고, 죄의식과 좌절감에 사로잡혀 있으면서도 아무런 해결책을 얻지 못하고 방황하였던 적이 있다네.…" 거기서부터 시작하여 계속 당신의 간증을 나눌 수 있을 것입니다.

예수님께서는 다른 사람들의 민감한 필요를 감지하는 데 대가이셨습니다. 요한복음 4장에서 우물가의 여인은 예수님께서 그녀의 도덕적인 면의 잘못을 지적하셨을 때 반응을 나타내었습니다. 누가복음 18장에서 관원이었던 부자 청년은 물질주의와 재산 문제가 제기되었을 때 그것이 민감한 필요이었음을 보여 주었습니다. 니고데모(요한복음 3장)도 예수님께서 종교성이란 문제를 건드리시면서 그것으로 충분치 않다는 사실을 지적하셨을 때 반응을 보였습니다. "네가 거듭나야 한다."

우리를 예리하고 분별력 있게 만들어 주시도록 하나님께 기도하면, 하나님께서는 우리를 도와 사람들의 필요를 발견할 수 있도록 해주실 것입니다. 그런 다음 요령 있게, 또 기도하는 가운데 사람들에게로 접근하면, 하나님께서는 다른 사람들의 삶을 위하여 우리를 사용하실 수 있으며, 또한 사용하실 것입니다.

2. 바울의 간증

1) 바울의 간증에 대한 개인 연구

사도행전에는 바울이 행한 간증이 두 번 기록되어 있는데, 이 간증들은 우리 자신의 간증을 계발시키는 데 도움이 되는 훌륭한 본을 제시해 줍니다. 바울의 간증은 사도행전 22장과 26장에 자세히 나와 있습니다.

사도행전 22장에서, 바울은 3차 전도 여행에서 돌아온 직후, 자신의 전도를 반대하는 유대인들에게 폭행을 당하고 로마군 앞에 끌려갔을 때 군중들 앞에서 개인 간증을 통하여 자신을 변호했습니다.

그 후 바울은 유대인의 반대가 점점 커져서 투옥되었다가, 바울의 말을 듣고자 하는 아그립바 왕 앞에 끌려 나가 다시 한 번 이 개인 간증을 함으로써 자신의 입장을 변호하게 되었습니다. 그 내용이 사도행전 26장에 기록되어 있습니다.

바울의 간증에서 배울 점을 살펴보기 전에 먼저 당신 스스로 바울의 간증을 연구해 보십시오. 사도행전 22장과 26장을 주의 깊게 읽고 다음 질문들에

답하십시오. 기록할 난이 부족한 경우에는 다른 종이에 기록하십시오. (배경을 파악하기 위해 사도행전 21, 23, 24, 25장을 같이 읽으면 더 재미있고 유익한 공부를 할 수 있습니다.)

[1] 바울은 군중들이 자신의 말에 기꺼이 귀를 기울이도록 하기 위하여 어떻게 그들의 관심과 주의를 사로잡았습니까?
 ① 사도행전 22:1 _____
  사도행전 22:2 _____
  사도행전 22:3 _____
 ② 사도행전 26:2-3 _____

[2] 바울의 간증에서는 몇 인칭의 대명사가 가장 빈번히 사용되었습니까?

[3] 바울은 설교를 했습니까, 아니면 사실을 이야기했습니까?

[4] 바울의 간증은 세 부분으로 나눌 수 있습니다. 사도행전 22:1-22 및 사도행전 26:1-29에서 어떤 구절들이 여기에 해당됩니까?

	22장	26장
① 그리스도를 믿기 전의 삶		
② 그리스도를 믿게 된 경위		
③ 그리스도를 믿은 후의 삶의 변화		

[5] 이제 사도행전 22장과 26장에서 바울이 회심하기 전의 삶과 관계되는 구절들에 초점을 맞추어 봅시다. 이 구절들을 통하여 알 수 있는 바울에 관한 몇 가지 사실들을 아래에 기록했습니다. 당신이 발견한 사실들을 계속해서 적으십시오.

사　실	구절
다소성 출신의 유대인	22:3
가말리엘의 문하에서 수학함	22:3
유대인 율법의 철저한 추종자	22:3

[6] 앞의 목록을 사용하여 변화되기 전의 바울의 삶을 50어절 내외로 요약하십시오. 이때 당신이 바울의 입장에 서서 1인칭을 사용하도록 하십시오. 아래에 첫 시작을 써 놓았습니다.

여러분, 나는 다소성 출신이지만 예루살렘에서 가말리엘로부터 교육을 받았습니다. 그의 가르침을 통하여 나는 유대인의 율법과 전통을 철저히 따르는 사람이 되었습니다. (19어절)

_____

_____

_____

_____

[7] 다음에 22장과 26장에서 바울의 회심을 묘사하고 있는 구절들을 살펴봅시다. 질문 [5]에서 한 것처럼 바울이 그리스도를 만나게 된 경위와 관계되는 사실들을 열거하십시오.

[8] 당신이 찾아낸 사실들을 기초로 하여 바울의 회심을 요약하되, 다음 문장에 이어 500어절 내외로 완성하십시오.

그 후 어느 날 정오에 다메섹으로 가고 있던 중 나를 둘러 비취는 빛 때문에 나는 실명하게 되었으며…

[9] 질문 [5], [7]에서 한 것처럼, 바울이 그리스도를 믿은 후의 변화에 관계되는 사실들을 전부 열거하십시오.

[10] 그리스도를 믿기 전과 믿은 후의 바울의 삶을 비교해 보십시오. 하나님께서 그를 어떻게 변화시키셨는지 주목하십시오. 앞에서처럼 1인칭을 사용하여, 믿은 후의 그의 삶에 대해 당신이 찾아낸 사실을 50어절 내외로 요약하십시오.

(이어서 우리 자신의 간증문을 작성할 때, 우리는 사도 바울이 사용한 방식을 따라 자신의 변화를 세 부분으로 나누어 정리하게 됩니다.)

- 그리스도를 믿기 전의 삶
- 그리스도를 믿게 된 경위
- 그리스도를 믿은 후의 삶의 변화

2) 바울의 간증에서 배울 점

앞에서 이미 언급하였듯이, 사도행전에는 바울이 행한 간증이 두 번 기록되어 있는데, 이 간증들은 우리 자신의 간증을 작성하는 데 도움이 되는 훌륭한 본을 제시해 줍니다.

첫 번째 간증은 자신을 죽이려는 폭도들 앞에서 행한 것으로서 사도행전 22장에 기록되어 있으며, 두 번째 간증은 아그립바 왕과 로마 총독 베스도 앞에서 행한 것으로 사도행전 26장에 기록되어 있습니다.

바울은 이 두 번의 간증에서 자신의 이야기를 세 부분으로 나누어서 서술하고 있습니다.

- 그리스도를 믿기 전의 삶
- 그리스도를 믿게 된 경위
- 그리스도를 믿은 후의 삶의 변화

여기서는 22장의 간증을 통해 우리가 배울 점을 정리해 보기로 하겠습니다.

[1] 그리스도를 믿기 전의 삶 – 사도행전 22:1-5

첫 부분에서 바울은 다른 사람들과 동일시하려고 시도하면서 그들의 필요를 드러내고 있습니다.

청중들과 동일시함

바울은 청중들이 사용하고 있는 히브리말로 간증을 시작함으로써 단번에 그들로 하여금 소요를 그치고 자신의 말에 귀를 기울이게 만듭니다. 이어서 그는 자신의 어린 시절의 일 및 존경받는 랍비인 가말리엘의 문하에서 수학한 일과, 유대인의 종교에 얼마나 열심이었던가를 이야기합니다. 심지어는 자신이 그리스도인들을 아주 심하게 핍박하여 그들을 투옥시키고 죽이기까지 했다는 사실도 이야기했습니다.

민감한 필요를 지적함

이 청중들의 '민감한 필요'는 민족주의였습니다. 유대인들은 하나님께서 바울 자신을 이방인들에게로 보내셨다는 이야기를 하기 전까지는 조용히 그의 말을 듣고 있었습니다. 그러나 이야기가 여기에 이르

자 그들은 갑자기 난폭한 반응을 보였으며, 로마군이 막지 않았더라면 그는 돌 세례를 받을 뻔하였습니다.

[2] 그리스도를 믿게 된 경위 - 사도행전 22:6-16

이 부분에서 바울은 왜 자신이 그리스도를 따르는 자가 되었으며, 어떻게 그리스도께서 핍박자였던 자신을 제자로 변화시켜 주셨는지에 대해 이야기하고 있습니다.

왜 제자가 되었는가?

여기서 바울은 자신이 다메섹 도상에서 하늘로부터 큰 빛이 비치는 것을 보고 눈이 어두워진 사실과, 그리스도께서 자신에게 다메섹으로 들어가서 지시를 기다리라고 말씀하셨다는 사실을 이야기하고 있습니다.

어떻게 변화받았는가?

바울은 자신이 다메섹에서 기다리는 동안에, 아나니아라는 사람이 그리스도의 지시대로 자기에게 와서 하나님께서 자기에게 주신 임무를 전달해 준 사실을 이야기했습니다. "네가 그를 위하여 모든 사람 앞에서 너의 보고 들은 것에 증인이 되리라"(사도행전 22:15).

[3] 그리스도를 믿은 후의 삶의 변화
 - 사도행전 22:17-22

여기서 바울은 하나님께서 자기를 이방인에게 복음을 전할 자로 파송하심으로써 자신의 민감한 필요인 유대 민족주의를 고쳐 주신 것을 설명하고 있습니다. 유대인들은 그가 전한 그리스도의 메시지를 거부했는데, 어느 날 성전에 있을 때 주님께서 그에게 나타나셔서 "내가 너를 멀리 이방인에게로 보내리라"고 말씀하시면서 이방인에게로 떠나도록 명하셨던 것입니다.

회개한 이후의 자신의 삶의 이러한 면을 나눔으로써 바울은 자신의 간증의 첫 부분과 민감한 필요를 자신이 그리스도 안에서 가졌던 그 독특한 문제에 대한 해결과 연결 지었습니다.

3. 간증을 나눌 때의 실제적인 고려 사항

자신의 지난날을 다 이야기하지는 말 것
 자신의 과거를 전부 이야기하고 싶은 충동을 눌러야 합니다. 그리스도께로 나오기 전의 삶을 설명하는 데 관련이 있는 것만 이야기하십시오. 민감한 필요 몇 가지를 건드려 본 후, 자신이 어떻게 그리스도께로 나오게 되었는지와 그분이 어떻게 당신의 민감한 필요를 해결해 주셨는지를 분명하게 사실 그대로 말하십시오. 간결하고 좋은 간증은 대개 노트 한두 쪽이면 충분합니다.

세 부분으로 나눌 것
 당신의 간증도 바울의 간증처럼 세 부분으로 나누십시오. 이렇게 하면 당신 자신과 듣는 사람 모두가 변화 과정을 분명하게 알 수 있게 될 것입니다.

민감한 필요를 상세히 설명할 것
 사람들로 하여금 당신과 동일시하도록 만들어야 한다는 사실을 명심하십시오. 민감한 필요에 대한 설명을 다시 살펴보십시오. 민감한 필요의 예(24-25쪽) 중에서 당신에게 해당되었던 것 가운데 몇 가지를 사용하기로 했다면 당신의 간증에 포함시키도록 하십시오.

복음을 명확하게 소개할 것

불신자들에게 당신의 간증을 나누는 유일한 목적은 예수님께서 삶을 변화시킬 수 있는지를 설명하는 데 있습니다. 복음이 명확하게 설명되고 있는지 확인하십시오. 복음을 분명히 소개하기 위해서는 성경 구절 몇 개를 사용하십시오.

민감한 필요의 해결책을 설명할 것

이 부분에서는 민감한 필요에 관해 분명하게 마무리 지어 주어야 합니다. 하나님께서 당신 자신의 삶 가운데 있었던 이 문제를 어떻게 해결해 주셨는지 설명해 주십시오. 이러한 민감한 필요 가운데는 아직까지 당신에게 문제가 되는 것들이 있을지도 모르겠습니다. 그렇다면 솔직하게 사실 그대로 이야기하되 그 문제를 극복할 수 있도록 하나님께서 매일 도와주신다는 것까지 나누십시오.

신중하게 나눌 것

당신의 배경 가운데는 다른 사람과 나누기 거북한 것들이 있을 수도 있습니다. 그런 것은 나누지 말고 부담이 없는 것들을 중심으로 간증을 나누십시오. 때로는 당신이 겪었던 것과 똑같은 문제로 갈등을 겪는 사람을 만날 수도 있을 것입니다. 그럴 때 당신은 하나님의 인도하심을 느끼고 그에게 당신의 어두웠던 배경을 나눔으로써 그로 하여금 그리스도 안에서 승리의 소망이 있다는 사실을 깨닫게 해줄 수 있습니다.

1인칭(나는…)을 사용하여 자신의 이야기를 하고, 설교를 하려 들지 말 것

간증을 나눌 때는 반드시 자신의 이야기에 머물러야 한다는 사실을 명심하십시오. 설교를 하려 들었다가는 간증의 효과를 망쳐 버릴 수도 있습니다. 사람들은 대개 하나님께서 당신을 위하여 해주신 것들을 즐겨 듣습니다. 그러나 당신이 만약 하나님께서 역사하실 수 있도록 해드려야 한다고 생각하고 그들을 설득하려 들다가는 그들의 감정을 상하게 만들 수도 있습니다. 오히려 복음 전할 기회를 주시고, 문을 더욱 열어 주시도록 성령을 의뢰해야 합니다.

자신의 간증의 가치를 인식할 것

하나님께서 당신에게 새로운 간증 거리를 주기 원하셨다면 그런 일을 만들어 주셨을 것입니다. 다른 사람들의 간증으로는 영향을 주지 못하는 영역의 사람들에게 당신의 간증이 영향을 미칠 수도 있습니다.

그 외에도 우리 모두는 동일한 근본적 필요들과 느낌을 가지고 있습니다. 비록 우리가 직면했던 환경이나 문제가 특이했거나, 또 그들이 처한 상황은 우리가 처했던 것과는 전혀 다르다 할지라도, 우리는 그들의 삶 가운데 내재해 있는 죄책감과 고독감, 생의 목적 결여와 허무감 등과 같은 근본적인 필요들에 대해서는 동일시할 수 있는 것입니다.

사실을 말할 것

어떤 한 가지 사실을 부풀려서 말하기는 쉽습니다. 그러나 그렇게 하지는 마십시오. 성령께서 우리를 사용하실 수 있도록 해드리기 위해서는 우리 자신이 사실을 그대로 말할 뿐만 아니라 정직해야만 합니다.

기도할 것

간증이라는 훌륭한 도구를 계발시켜 나가면서 하나님의 도우심과 인도하심을 구해야 합니다. 그러면 하나님께서는 그것을 나눌 수 있는 수많은 기회를 마련해 주실 것입니다.

V
간증문의 작성

사실 그대로 쓸 것

구체적일 것

개인적일 것

간결할 것

1. 당신의 간증 - 그리스도를 믿기 전의 삶

이 부분에서는 당신의 개인 간증의 첫째 부분, 즉 그리스도를 믿기 전의 당신의 삶은 어떠했는지를 쓰게 됩니다.

 전체 간증 가운데서 이 부분의 목적은 당신의 간증을 듣는 불신자들로 하여금 당신과 일체감을 느끼게 함으로써 그들에게 흥미를 불러일으키는 데 있습니다. 모든 사람이 다 하나님을 위하여 하나님에 의해 지으심을 받았기 때문에 우리의 필요와 소원은 하나님을 통해서만 진정으로 채워집니다. 그리스도가 없다면 우리 모두는 공허하고 만족이 없는 삶을 살 수밖에 없습니다. 그리스도와 분리되어 있던 지난날의 삶을 회상하게 되면, 그리스도를 믿지 않는 사람들 역시 같은 문제에 대한 해답을 찾고 있기 때문에 우리의 감정과 생각에 공감할 수 있게 될 것입니다.

이러한 필요를 나누는 효과적인 방법은 우리 대부분의 사람들이 공통적으로 가지고 있는 민감한 필요를 겨냥하는 것입니다. 상한 치아에 드러나 있는 신경은 건드리기만 하면 즉시 반응을 나타내게 되어 있습니다. 마찬가지로 우리 모두는 접촉에 대단히 민감한 반응을 보이는 기본적인 감정적 혹은 심리적 필요를 갖고 있습니다. 불신자들의 전형적인 민감한 필요에 대해서는 24-25쪽을 참조하기 바랍니다.

이 가운데 한 가지 또는 그 이상이 당신이 불신자였을 때의 삶의 특징이었을 것입니다. 당신의 간증을 이러한 민감한 필요 중의 한 가지 혹은 몇 가지를 중심으로 엮어 나간다면 듣는 사람들과 더욱 깊은 공감대를 형성할 수 있을 것입니다.

당신이 어렸을 때 그리스도인이 되었다면 간증의 이 부분은 자연히 짧아지겠지만 그렇다고 그것이 덜 중요하다거나 비효과적이라고는 생각지 마십시오.

긍정적으로 시작하십시오. 이를테면, "제가 그리스도인 가정에서 태어난 것은 큰 행운이었지만, 그렇다고 그것이 저를 진정한 그리스도인으로 만들어 준 것은 아니었습니다…"라든지, 혹은 "제가 겨우 열 살밖에 되지 않았을 때 저는 제 생애에서 가장 중요한 결단을 내렸습니다…" 하는 식입니다. 어렸을 때라고 하더라도 당신은 간증의 이 부분과 연관 지을 수 있는 민감한 필요로 갈등했을 수가 있습니다.

성령께서는 당신의 간증을 사용하십니다! 주님께 쓰임받기 위하여 세상에서 가장 극적인 회심의 경험을 했어야 할 필요는 없습니다! 이 부분을 기록하면서 다음 제안들을 살펴보아야 합니다.

사실 그대로 쓰되, 흥미 있게 할 것

때때로 극적인 효과를 얻기 위하여 사실을 부풀려 말하고 싶은 유혹을 받기도 하는데 그러지 마십시오. 그러나 독특하게 꾸미거나 재미있는 유머를 사용함으로써 상대방의 흥미를 불러일으키도록 하십시오.

구체적일 것

"파티를 마치고 집으로 돌아올 적마다, 나를 기다리고 있을 그 고독감을 두려워하면서 나는 발걸음을 옮기곤 했습니다. 그때가 내 삶에서 가장 괴로운 순간이었지요" 식의 말이, "나는 고독한 사람이었습니다" 식의 말보다 상대방과 공감대를 형성하는 데 한결 더 낫습니다. 구체적인 사실들은 민감한 필요를 더욱 잘 설명해 줄 수 있습니다.

개인적일 것

일반화시킨 "우리", "누구나", "세상이" 등의 말보다는 "내(제)가", "나(저)의", "나(저)를"과 같은 1인칭 대명사를 사용하도록 하십시오.

간결할 것

자신의 과거사 전부를 얘기해서는 안 됩니다. 간증을 나누는 목적은 자기 자서전을 읽어 주려는 것이 아니라, 간증을 듣는 사람들과 공감대를 형성하기 위한 것이라는 사실을 명심하십시오. 전체 간증을 5분 이내에 마치려고 한다면 이 부분은 1분 30

초 내지 2분 정도가 소요됩니다.

【작성】

자, 이제는 자신의 간증의 첫째 부분을 쓸 준비가 되었습니다. 시작하기 전에 간증의 이 부분을 잘 쓸 수 있는 지혜를 주시도록 하나님께 기도하십시오. 또한 앞에서 한 제안을 다시 한 번 읽어 보십시오. (별도의 종이에 기록하십시오.)

《 초안 》

1 그리스도를 만나기 전 당신의 삶 가운데 있었던 민감한 필요를 세 가지 적어 보십시오.

2 당신의 삶 가운데 이 세 가지 민감한 필요를 설명해 줄 수 있는 구체적인 사건이나 예가 있었다면 몇 가지 적어 보십시오.

이제 이 '필요'들과 사건들 가운데 한두 가지만 택하십시오. 그것을 중심으로 간증의 첫째 부분을 엮으십시오. 간증을 듣는 사람들과 공감대를 형성하도록 작성하고, 당신의 과거사 전체를 나누지 않도록 주의해야 합니다.

당신이 매우 어렸을 때 그리스도를 믿게 되었다면 그렇게 말하십시오. 죄의 길을 걷거나 하나님을 찾기 위해 시간을 낭비할 필요가 없었던 사람들의 이야기를 듣는 것은 흥미 있는 일입니다.

당신이 그리스도 안에서 어떻게 계속 성장해 왔으며, 하나님께서는 어떻게 특별한 시험과 시련을 통하여 당신을 도와 오셨는가를 나누십시오. 당신이 그리스도를 영접한 후 몇 년 동안은 성장하지도 못하고 시간만 낭비했다면 그 기간 동안의 당신의 삶이 어떠했는가를 나눌 수도 있습니다.

당신이 새롭게 헌신한 때를 변화의 시점으로 삼아 어떻게 해서 그리스도를 자신의 삶의 주인으로 모셨으며 그와 진정으로 동행하게 되었는가를 설명하십시오. 당신이 어린 시절에 주님께로 돌아왔다는 것이 당신에게 나눌 간증이 없다는 것을 의미하지는 않습니다.

《 간증 》

간증(앞에 있는 자신의 초안에 따라 별도의 종이에 쓸 것. 150내지 200어절 정도로 제한할 것.)

2. 당신의 간증 - 그리스도를 믿게 된 경위

이제 간증의 둘째 부분, 즉 그리스도를 만나게 된 경위에 대해 쓰는 법을 공부해 봅시다.

이 부분은 이야기의 중심부이며, 자신이 어떻게 그리스도를 영접하게 되었는가를 구체적으로 설명하는 부분입니다. 그리스도를 영접한 정확한 시간과 어떻게 영접했는지는 기억할 수 없다고 하더라도, 사람들이 그리스도인이 되는 데 필요한 기본적이고도 필수적인 요건들은 말해 줄 수 있을 것입니다. 요점은 이것입니다. 당신이 진정으로 그리스도를 알고 있다면 당신이 어떻게 그리스도를 영접했는가를 다른 사람들에게 말해 줄 수 있을 것입니다.

이 부분을 쓸 때 다음 사항을 명심하십시오.

1) 듣는 사람이 그리스도를 어떻게 영접하는가를 알 수 있도록 복음이 명료하게 제시되어 있어야 합니다.

2) 당신 자신의 회심에 영향을 주었거나 복음을

명료하게 설명하고 있는 성경 말씀을 한두 구절 인용하는 것이 효과적입니다. 하나님의 말씀은 살았고 운동력이 있어서 성령께서는 말씀을 사용하여 사람들에게 그리스도의 필요성을 확신시켜 주십니다. 하나님께서는 이사야 55:11에서 다음과 같이 약속하셨습니다. "내 입에서 나가는 말도 헛되이 내게로 돌아오지 아니하고 나의 뜻을 이루며 나의 명하여 보낸 일에 형통하리라."

성경 말씀을 사용할 때는 다음 지침을 따르십시오.

▶ 너무 많이 사용하지 말 것. 당신의 특별한 이야기에서 가장 뜻깊은 한두 구절만 기도하는 마음으로 선택하여 사용하십시오. 성경 구절을 너무 많이 사용하면 마치 설교를 하는 것처럼 들립니다.
▶ 당신이 사용하고자 하는 구절을 외울 것. 자신의 회심에 영향을 준 말씀이라면 암송을 해둘 만한 가치가 있습니다. 그 구절의 본문 및 장절

의 정확한 인용은 자기 나름대로 기억하고 있
는 내용이 아니라 하나님의 말씀을 그대로 전
달하도록 보장해 줍니다.

▶ 인용 구절 내에서 이해하기 어려운 단어들은 반드시 설명할 것.

3) 믿지 않는 사람들에게 혼동을 일으키거나 아무 의미를 줄 수 없는 종교적인 말의 사용은 피하도록 유의할 것. 이를테면 '구속받았다,' '보혈로 씻음받았다' 등.

4) 48-49쪽에 있는 제안을 복습하십시오.

【작성】

종이에 간증의 두 번째 부분을 써보십시오. 이 부분은 보통 속도로 말하여 1분 내지 1분 30초 정도 걸리도록 하면 됩니다. (150-200어절)

《 초안 》
메모 형식으로 기록하십시오.

1 믿은 날짜와 장소는?

2 그리스도를 영접하도록 확신을 준 것은 무엇인가?

3 어떻게 그리스도께로 나오게 되었는가?

4 그때 어떤 성경 말씀이 당신에게 감명을 주었는가?

《 간증 》

 (위의 내용에 살을 붙이십시오. 간증을 듣는 사람이 그리스도를 어떻게 영접하는가를 분명히 알 수 있도록 복음을 명확하게 전달하십시오.)

3. 당신의 간증 - 그리스도를 믿은 후의 삶의 변화

이 부분에서는 당신이 그리스도를 믿게 된 이후로 삶 가운데 어떤 변화가 있었는지를 소개하게 됩니다. 이를테면, 죄 사함의 축복, 구원의 확신, 생의 새로운 의미와 목적 발견, 인생관의 변화 등등.

이 부분을 작성하려고 할 때 다음 제안들을 고려하십시오.

1) 첫째 부분에서 당신이 이미 언급한 민감한 필요의 영역들을 복습하십시오. 하나님께서 그와 같은 민감하고 달갑지 않은 영역들을 어떻게 치유해 주셨는지 생각해 보십시오. 그 다음 이 마지막 부분에서는 첫째 부분에서 이야기한 그 특별한 민감한 필요와 관련하여 그리스도께서 어떻게 당신을 도와주셨는지 분명하게 설명하십시오.

2) 그리스도인의 삶을 비현실적으로나 이상적으로 그리지는 마십시오. 그리스도께서 우리 삶

속에 들어오신 것이 우리가 아무 문제에도 부딪히지 않도록 보장해 주는 것은 아닙니다. 그것은 그분이 우리 삶에서 절대적인 통치권을 가지고 우리가 부딪히는 각 상황 가운데서 우리와 함께하신다는 것을 뜻합니다. 이렇게 이야기할 수도 있을 것입니다.

"예수 그리스도를 내 마음속에 영접했지만 그것이 생의 모든 문제의 해결을 의미하는 것은 아니었습니다. 그러나 그것은 예수님께서 내가 처하는 모든 환경 가운데서 나와 함께하시며 그것을 선으로 바꿔 주신다는 확신을 내게 주었습니다."

3) 설교로 발전시키지 마십시오! 간증을 여기쯤 하다 보면 듣는 사람에게 자기와 비슷한 경험을 하라고 촉구할 수가 있습니다. 간증은 어디까지나 한 개인의 이야기이지 설교가 될 수 없습니다. 당신은 그리스도께서 당신에게 해주신 일을 이야기하고 있다는 사실을 명심하십시오. 계속 "나는", "나에게"와 같은 1인칭을 사용해야

지, 결코 "당신(여러분)도" 식의 대명사를 사용해서는 안 됩니다.

4) 앞에서 배운 내용을 복습하여 참조하십시오.

【작성】

준비한 종이에 이 부분에 해당되는 자신의 간증을 작성해 나가십시오.

《 초안 》

메모 형식으로 기록하십시오.

1 당신이 그리스도를 영접한 직후에 어떤 일이 일어났습니까? (어떤 특별한 일도 즉각적으로 일어난 것이 없었다면 그렇게 쓰십시오! 많은 사람들은 회심할 때 어떤 굉장한 감정적인 변화나 사건이 수반되어야 한다는 잘못된 생각을 가지고 있습니다. 하나님께서는 많은 사람들을 조용하게 변화시키시며, 그런 사람들의 체험도 극적인 체험을 한 사람들의 경우와 마찬가지로 사실로 받아들이십니다. 많은 사람들에게 있어서 변화는 점진적으로 옵니다.)

② 그리스도께서는 당신의 민감한 필요를 어떻게 해결해 주셨습니까?

③ 당신의 변화를 설명하기 위하여 사용할 수 있는 실제적인 사건은 어떤 것들이 있습니까?

④ 당신이 새롭게 출발한 그리스도인으로서의 삶에 즉각적인 성장을 가져다준 특별한 성경 말씀이나 제안, 또는 도움이 있었습니까?

[예]
"내게 복음을 전해 준 사람의 권면 때문에 요한복음을 다섯 번 읽기로 약속했습니다."

"나를 그리스도께로 인도해 주신 그분이 다음날 우리 집에 와서 나와 함께 기도하고 성경을 읽었습니다. 나는 그때 하나님과 자유롭게 대화를 나눌 수 있다는 사실을 처음으로 깨달았습니다."

《 간증 》

(앞의 초안에 살을 붙여 작성하십시오. 보통 말하는 속도로 1분 내지 1분 30초 정도의 길이가 되도록 하십시오. 150-200어절.)

수고하셨습니다. 이것으로 간증을 세 부분으로 나누어서 부분별로 작성하는 일은 끝났습니다. 이제 최종적으로 이 세 부분을 연결시켜 하나의 자연스러운 이야기로 만드는 일이 남아 있습니다. 마지막 정리를 시작하기 전에 이미 작성해 둔 세 부분 및 각 부분에 주어진 제안들을 다시 읽어 보며 점검해 보십시오.

4. 마지막 정리

수정이 필요하면 수정을 가하십시오. 준비한 종이에 전체 간증을 쓰십시오.

(정리를 시작하기 전에 'VI. 간증문의 예'를 먼저 읽어 보십시오. 거기에 수록되어 있는 '서투르게 작성된 간증'과 '훌륭하게 작성된 간증'의 예는 최종 간증 작성에 도움이 될 것입니다.)

그리스도를 믿기 전의 삶
- 그리스도를 믿기 전 나의 삶은 어떠했는가?

그리스도를 믿게 된 경위
- 어떻게 그리스도를 믿게 되었는가?

그리스도를 믿은 후의 삶의 변화
- 그리스도를 믿은 후에 어떤 변화가 일어났는가?

5. 제안

이제 간증 작성을 끝마쳤습니다. 당신이 작성한 이 간증은 다른 사람에게 증거하는 일에 있어서 당신이 가지고 있는 가장 귀중한 자원이 될 것입니다. 이것은 너무나 개인적인 일이고, 또한 당신에게 독특하게 일어났던 일이기 때문에 어느 누구도 이것을 논쟁거리로 삼거나 그런 일이 당신에게 일어나지 않았다고 부인하지 못합니다. 당신 자신이 확신 있게 이 간증을 나누기만 한다면, 다른 사람들은 그리스도께서 오늘도 실제로 살아 계신다는 당신의 확신에 놀라움을 금치 못할 것입니다.

이제 간증 작성을 끝마쳤으므로 이 완성된 간증문을 사용하여 입으로 어떻게 전하는가를 배워야 합니다. 도움이 되는 몇 가지 제안을 드리면 다음과 같습니다.

1) 세 부분이 부드럽게 연결되고, 자신이 작성한 간증문에 아주 익숙해질 때까지, 소리를 내어 여러 번 읽으십시오.

2) 소리 내어 간증하는 연습을 혼자서 하십시오. 간증문 전체를 한 단어 한 단어 완전하게 외려고 하지 마십시오. 이렇게 하면 말을 꾸미는 것처럼 들리고 자연스럽지 못합니다. 물론 이야기의 흐름을 기억하는 데 도움이 되는 특정한 핵심 문장들은 암기해도 좋겠지만, 매회 간증문을 정확하게 그대로 옮기려고는 하지 마십시오.

3) 간증을 나누는 연습을 혼자서 여러 번 해본 후, 다른 그리스도인 ― 이를테면, 영적 지도자나 성장한 그리스도인 친구 ― 에게 나누어 보십시오. 그에게 당신 간증에 대한 비평과 더욱 명확한 전달을 위한 조언을 부탁하십시오.

4) 그리스도를 믿지 않는 친구들이나 친지들에게 당신의 간증을 나눌 수 있는 기회를 달라고 하나님께 기도하십시오. 기회가 왔을 때 담대하게 그 기회를 붙잡을 수 있게 해주시도록 기도하는 것도 필요합니다. 머뭇거리지 마십시오.

5) 당신의 간증이 완전하지 못하다고 느낄 때에라도 믿음으로 밀고 나가십시오. 성령께서 간증을 듣는 사람 및 나누는 당신에게 다 같이 역사하신다는 것을 기억하십시오. 하나님께서 역사하시지 않는다면 아무리 유창하게 간증을 나눈다고 하더라도 열매가 없을 것입니다. 하나님과 함께라면 아무리 말에 서투른 사람이라도 다른 사람들을 그리스도께로 이끄는 일에 쓰임받을 수 있습니다.

"이제 내가 너를 바로에게 보내어 너로 내 백성 이스라엘 자손을 애굽에서 인도하여 내게 하리라." 모세가 하나님께 고하되, "내가 누구관대 바로에게 가며 이스라엘 자손을 애굽에서 인도하여 내리이까?" 하나님이 가라사대, "내가 정녕 너와 함께 있으리라. 네가 백성을 애굽에서 인도하여 낸 후에 너희가 이 산에서 하나님을 섬기리니, 이것이 내가 너를 보낸 증거니라." (출애굽기 3:10-12)

VI
간증문의 예

아마

고린도후서 5:17

말씀이

내게 일어났던 일을

가장 함축성 있게

설명하고 있는

것 같습니다.

1. 서투르게 작성된 간증의 예

그리스도를 믿기 전의 삶 :

내가 어렸을 때 부모님은 내게 교회에 다니라고 가르치셨습니다. 그렇지만 나는 별로 흥미를 못 느꼈고, 중학교에 들어가면서부터는 더 이상 출석하지 않게 되었습니다. 학교에서는 모범생이 되지 못했고 삶에도 지쳐 버렸습니다. 나는 인생이 무엇인지 알려고 무척 노력해 보았지만 알 수가 없었습니다. 결국 나는 술을 마시기 시작했고 질이 나쁜 친구들과 어울리게 되었습니다. 술 때문에 문제도 많았습니다. 고등학교를 졸업하고 6개월가량 직장 생활을 하다가 군에 입대하게 되었습니다. 군에 있을 동안에도 술 때문에 곤란을 당했고 마침내 나는 하나님께 나를 도와주십사고 부르짖기 시작했습니다.

◎ 분석
- ▶너무 일반적이다. 문제점들을 설명해 주는 구체적인 사건들이 없다.
- ▶민감한 필요를 건드리지 않고 있다.

그리스도를 믿게 된 경위 :
어느 일요일 아침 나는 부대 내에 있는 교회에 나갔습니다. 거기서 생전 처음으로 복음을 듣고 나는 거듭났습니다. 하나님께서는 사람이 가지고 있는 어떤 문제라도 해결해 주실 수 있으며, 나처럼 많은 문제를 안고 있는 사람에게는 정말로 하나님이 필요하다고 한 설교자의 말은 아직까지도 기억하고 있습니다. 사실 그리스도께서 나를 그의 보혈로 씻어 주시지 않았다면 난 아마 자살했을지도 모릅니다. 어쨌든 나는 날 구원해 주시고 영생을 주신 하나님께 감사하고 있습니다.

◎ 분석
▶ 복음이 불분명하다. 듣는 사람이 이 간증만 가지고서는 그리스도를 어떻게 영접하는지 알 수 없다.
▶ 성경 말씀이 한 구절도 나오지 않았다.
▶ 종교적인 용어가 많이 사용되었다. 예를 들면, '거듭나다', '보혈로 씻다', '영생' 등.

그리스도를 믿은 후의 삶의 변화 :
  그리스도께서 나의 삶 가운데로 들어오셨을 때, 그분은 나를 전혀 다른 사람으로 만들어 주셨습니다. 그분은 내가 가지고 있는 모든 문제를 해결해 주셨으며, 그 이후로 나에게는 즐겁지 않은 날이 하루도 없었습니다. 나는 여러분도 그리스도를 믿으시기를 진심으로 권해 드립니다. 그분은 나를 구원해 주신 것과 똑같이 여러분도 구원해 주실 수 있습니다. 하나님께서 여러분을 사랑하고 계신다는 사실을 기억하십시오!

◎ 분석
▶ 너무 일반화되어 있다. 구체적인 해결이 언급되어 있지

않다.
- ▶ 너무 이상적이다. 그리스도인들에게도 때로는 즐겁지 않은 날이 있다.
- ▶ 지나치게 설교를 하고 있다. 자기 자신의 체험을 이야기하는 것으로 그쳐야지 빨리 믿도록 강요해서는 안 된다.

2. 훌륭하게 작성된 간증의 예

그리스도를 믿기 전의 삶 :

나는 어린 시절부터 매주 일요일 아침마다 주일학교에 다녔던 기억이 납니다. 그러나 나이가 들어 감에 따라, 나의 삶은 교회에서 배운 것이나 내가 옳다고 믿고 있던 것과는 너무나 거리가 멀다는 것을 깨닫게 되었습니다. 결국 14살 때부터는 교회에 나가지 않게 되었고 나처럼 교회에 가지 않는 몇몇 친구들과 함께 어울리기 시작했습니다. 그러다 언제부턴가 술을 입에 대기 시작했고, 이것은 심각한 문제를 일으켰는데 나이가 들어 갈수록 점점 그 강도가 심해져 갔습니다. 열일곱 살 때 처음으로 술 때문에 유치장 신세를 지게 되었습니다. 이듬해에는 친구들이 나를 알코올 중독자 치료 기관에 보내고 싶어 하기까지 했습니다. 열아홉 살에는 술 때문에 두 번째로 유치장에 들어가게 되었습니다. 고등학교를 졸업하고 공군에 입대했지만, 군대의 훈련조차도 나의 문제 해결에는 아무 도움이 되지 못했습니다. 사실상 문제는 더 악화되기만 했습니다. 나는 마음속에 가득 찬 고독과 목적이 없는 삶에 대한 회의를 떨쳐 버리기 위해 술을 마셨습니다. 패거리들과 어울려 술을 마시고 나서 귀가할 때마다, 익히 알고 있는 그 고독감이 나를 기다리고 있을 것이라는 두려움을 안고 집으로 돌아오곤 했습니다. 그 시절이 내 생애 최악의 때였죠. 나는 살아야 할 아무 의미도 찾을 수 없었고, 굳이 해답을 찾는다면 아마도 내 인생을 스스로 끝내는 것이 최선의 방법이 아닐까 하고 생각하기까지 했습니다.

◎ 분석
▶ 구체적이다.
▶ 그리스도를 믿기 전의 삶의 중요 시기를 망라했다.
▶ 고독이라든가, 생의 목표 결여, 삶의 방향 추구 등 민감한 필요를 건드리고 있다.

그리스도를 믿게 된 경위 :
　이런 상황에서 나는 하나님께서 정말로 살아 계신다면 만날 수 있게 해달라고 기도하기 시작했습니다. 그러던 어느 날 기지 내에서 발행된 신문을 읽다가 흥미 있는 광고 하나를 보게 되었습니다. 어느 목사님이 군인 교회에 와서 설교를 한다는 내용이었습니다. 어쨌든 나는 그것도 기도에 대한 응답으로 볼 수 있다고 생각하고는 다음 일요일 아침 교회에 나가 맨 앞줄에 앉아서 그가 전하는 놀라운 이야기를 듣게 되었습니다.

그는 자기가 젊었을 때, 지금 내가 애타게 찾고 있는 것과 마찬가지로 그도 생의 의미와 그 방향을 찾고 있었다고 했습니다. 그는 성경을 펴서, 인간은 죄로 말미암아 하나님과 분리되었는데 하나님을 떠나서는 생의 목적이나 행복을 결코 찾을 수 없다고 설명해 주었습니다. 그러나 하나님께서는 여전히 인간을 사랑하셔서, 그분의 아들인 예수님을 이 세상에 보내시고 죽게 하심으로 인간의 죗값을 다 갚아 주셨으므로 인간이 하나님과 다시 만날 수 있게 되었다고 설명했습니다. 그 목사님이 말씀해 주신 요한복음 1:12 말씀은 이런 내용이었습니다. "(예수님을) 영접하는 자 곧 그 이름을 믿는 자들에게는 하나님의 자녀가 되는 권세를 주셨으니." 그는 이 구절을 설명하면서 모든 사람이 해야 할 일은 그리스도께서 자기의 마음에 들어오시도록 요청하는 것, 즉 그리스도를 영접하는 것이며, 그럴

게 할 때 그리스도께서는 그 사람의 마음에 들어오셔서 생의 방향과 능력과 목적을 주신다고 말했습니다. 그날 그 목사님이 설교를 끝마치고 기도를 하실 때, 나도 속으로 조용히 이런 기도를 했습니다.

하나님, 저는 죄인임을 시인합니다. 예수님께서 저의 죄를 대신해서 십자가에 못 박혀 죽으시고 부활하신 사실을 믿고 감사드립니다. 이제 예수님을 저의 구세주로 믿고 제 마음에 모셔 들입니다. 제 마음에 들어오셔서 제 삶을 인도해 주옵소서. 예수님의 이름으로 기도합니다. 아멘.

◎ 분석
▶ 구체적인 설명 - 일어났던 일을 정확하게 설명했다.
▶ 목사님의 설교 내용을 사용하여 제삼자가 이야기하는 식으로 복음을 명확하게 전했다.
▶ 종교적인 낱말을 사용하지 않았다.
▶ 성경 말씀과 그 장절을 인용했고, 그 뜻을 설명했다.
▶ 기도의 예를 말해 줌으로써 듣는 사람 자신이 기도하기를 원할 때 기도의 방법과 내용을 알 수 있게 해주었다.

그리스도를 믿은 후의 삶의 변화 :

이 기도를 했을 때 무슨 특별한 일이 일어나지는 않았습니다. 무슨 빛이 번쩍이거나 갑자기 천사가 내려오지도 않았습니다. 특이한 감정도 환희도 느끼지 못했습니다. 그러나 몇 주가 지난 뒤 나는 무엇인가 정말로 달라진 것이 있다는 사실을 깨닫게 되었습니다. 생전 처음으로 나는 평안과 생의 목적, 그리고 생의 의미를 소유하게 되었던 것입니다. 성경을 읽기 시작하면서 나는 하나님께서 각 사람의 일생을 위하여 놀랍고 독특한 계획을 가지고 계신다는 사실과, 그리스도께서 살아 계셔서 실제로 그 계획 가운데로 매일 매일 나를 인도하고 계신다는 사실을 알게 되었습니다. 고독과 공허는 잔잔한 즐거움으로 바뀌었습니다. 아직까지도 내겐 문제가 있고, 힘든 날도 있지만, 그런 모든 상황 가운데서도 하나님께서 나와 함께하셔서 그 어려움들을 극복할 수 있도록 도와주신다는 사실을 알고 있습니다. 이제는 술 문제도 해결되었습니다. 그전처럼 술을 이용해서 현실로부터 도피하려고 할 필요가 없어졌기 때문입니다. 아마 고린도후서 5:17 말씀이 내게 일어났던 일을 가장 함축성 있게 설명하고 있는 것

같습니다. "그런즉 누구든지 그리스도 안에 있으면 새로운 피조물이라. 이전 것은 지나갔으니, 보라, 새것이 되었도다." 그리스도와 함께 사는 이 새로운 삶에서의 한 시간을 그리스도 없이 살았던 과거의 삶 전체와 결코 바꾸지 않겠다는 것이 제 솔직한 심정입니다. 그분은 정말로 내 마음속의 가장 근본적인 필요를 채워 주셨습니다.

◎ 분석
▶ 민감한 필요가 여기서 마무리 지어짐 - 전반부에서 언급되었던 문제들에 대한 구체적인 해결을 제시했다.
▶ 현실적임 - 구원을 받았다고 해서 그 즉시 삶의 모든 문제가 완전히 해결되는 것은 아니다.
▶ 성경 말씀과 그 장절을 적절히 인용했다.
▶ 자신의 경우를 그대로 이야기하고 있다 - 설교투가 아니다.

☀ 네비게이토 소책자 시리즈 ☀

1. 성경암송을 통하여 주님께로 돌아오다 ······················ 도슨 트로트맨
2. 시대의 요청 ··· 도슨 트로트맨
3. 재생산을 위한 출생 ·· 도슨 트로트맨
4. 수레바퀴 예화 ··· 네비게이토
5. 일대일 사역 ··· 잭 그리핀

6. 제자의 특징 ··· 론 쎄니
7. 하나님의 뜻을 아는 법 ·· 러쓰 존스톤
8. 기도의 하루를 보내는 방법 ··· 론 쎄니
9. 기도 응답을 받는 방법 ··· 제리 브릿지즈
10. 경건한 여인 ··· 라일라 스팍스

11. 전도를 즐기는 삶 (영문판: A Life That Enjoys Evangelism) ······ 하진승
12. 섬김을 위한 부르심 ··· 레이 호
13. 정 직 ··· 헬렌 애쉬커
14. 그리스도를 닮아감 ·· 짐 화이트
15. 최후의 승리를 얻기까지 ·· 월터 헨릭슨

16. 전도의 열정 ··· 로버트 콜만
17. 영적인 의지력 ··· 제리 브릿지즈
18. 사고방식의 변화 ··· 조지 산체스
19. 대인 관계의 성서적 지침 ·· 조지 산체스
20. 말씀의 손 예화 ··· 네비게이토

21. 열 심 (영문판: ZEAL) ·· 하진승
22. 원만한 결혼 생활 ·· 잭 & 캐롤 메이홀
23. 조지 뮐러 ·· A. 심즈
24. 말씀 중심의 삶 ·· 하진승
25. 주제별 성경 암송 제1권 ·· 네비게이토

26. 주제별 성경 암송 제2권 ·· 네비게이토
27. 주제별 성경 암송 제3권 ·· 네비게이토
28. 서로 돌아보아 ·· 하진승
29. 양 육 ··· 네비게이토
30. 경건이란 무엇인가 ··· 제리 브릿지즈

31. 권위와 복종 ··· 론 쎄니
32. 고난 중 도우시는 하나님 ······································· 샌디 에드먼슨
33. 기도의 특권을 누리자 ·· 하진승
34. 은혜로운 말 ··· 캐롤 메이홀
35. 하나님을 의뢰함 ·· 제리 브릿지즈

36. 친밀한 부부 관계의 원리 ··· 짐 & 제리 화이트
37. 배우는 자로 살자 (영문판: Live as a Learner) ··················· 하진승
38. 합력하여 선을 이루시는 하나님 ································ 리처드 크렌즈
39. 고난 중의 소망 ··· 덕 스팍스
40. 청년의 시기를 어떻게 보낼 것인가 (영문판: How to Live Out Our Youth) ··· 하진승

✳ 네비게이토 소책자 시리즈 ✳

41. 약속을 주장하는 삶 ………………………………… 덕 스팍스
42. 경건의 시간을 갖는 법 …………………… 워렌 & 룻 마이어즈
43. 개인의 중요성 ……………………………………… 론 쎄니
44. 헌 신 …………………………………………… 로버트 보드만
45. 내가 배운 교훈들 ……………………………… 오스왈드 샌더스

46. 하나님의 말씀은 …………………………………… 하진승
47. 현숙한 여인 ………………………………………… 신시아 힐드
48. 어떻게 친구를 사귈 것인가 …………………… 제리 & 메리 화이트
49. 외로움을 느낄 때 ……………………………… 엘리자베스 엘리엇
50. 하나님께서는 당신의 직업을 귀히 여기신다 ………… 셔먼 & 헨드릭스

51. 자녀의 자부심을 키워 주는 법 …………… 게리 스몰리 & 존 트렌트
52. 직장 생활에서 낙심될 때 ……………………………… 덕 셔먼
53. 스트레스를 다루는 법 ………………………………… 단 워릭
54. 서로 의견이 엇갈릴 때 …………………………… 잭 & 캐롤 메이홀
55. 그리스도인의 삶의 올바른 동기 ……………………… 하진승

56. 나를 기뻐하시며 사랑하시는 하나님 ……………… 룻 마이어즈
57. 제자삼는 삶의 동기력 ……………………………… 짐 화이트
58. 기도 - 보이지 않는 적과의 싸움 ………………… 제리 브릿지스
59. 효과적인 간증 ……………………………………… 데이브 도슨
60. 감격하며 살아야 할 그리스도인 ……………………… 하진승

61. 믿음의 경주 ………………………………………… 잭슨 양
62. 사도 바울의 영적 지도력 ………………………… 오스왈드 샌더스
63. CARE (서로 보살피는 부부) ………………………… 하진승
64. 참 특이한 기도 (PPP: Pretty Peculiar Prayers) ………… 하진승
65. 모세의 순종 ………………………………………… 웡킴톡

66. 상급으로 주신 자녀 ………………………………… 하진승
67. 하나님께서 쓰시는 사람 …………………………… 월터 헨릭슨
68. 기도의 본 ………………………………… 워렌 & 룻 마이어즈
69. 다윗의 한 가지 소원 ……………………………… 조이스 터너
70. 생명을 구하는 삶 ……………………………… 피터슨 & 드렐켈드

71. 순종의 축복 ……………………………………… 마르다 대처
72. 참 좋으신 하나님 아버지 ………………………… 리로이 아임스
73. 하늘에 보물을 쌓는 삶 …………………………… 잭 메이홀
74. 거룩 : 하나님께 성별된 삶 ……………………… 헬렌 애쉬커
75. 가정의 중요성 (영문판: Importance of Home & Family) …… 하진승

76. 날마다 제 십자가를 지고 (영문판: Taking Up the Cross Daily) …… 하진승
77. 제자의 올바른 태도 ………………………………… 론 쎄니
78. 주님의 부르심을 따라가는 삶 ……………………… 하진승
79. 견고하게 평생 지속해야 할 일 ……………………… 하진승

효과적인 간증

1996년 9월 20일 초판 1쇄 발행
2010년 2월 10일 개정 1쇄 발행
2025년 4월 10일 개정 12쇄 발행

펴낸곳: 네비게이토 출판사 ©
주소: 03784 서울시 서대문구 연희로 16 (창천동)
전화: 02) 334-3305(대표), 334-3037(주문), FAX: 334-3119
홈페이지: http://navpress.co.kr
출판등록: 제10-111호(1973년 3월 12일)
ISBN 978-89-375-0351-1 02230

본 출판사의 서면 허락 없이는 본서의 전부 또는
일부의 무단 복제, 또는 원문에 대한 무단 번역을 금합니다.